NOTICE HISTORIQUE

SUR LA VIE DE

TOUSSAINT LOUVERTURE

NOTICE HISTORIQUE

SUR LA VIE DE

TOUSSAINT LOUVERTURE

L'île d'Haïti, *ou Saint-Domingue*, découverte en 1492 par Chistophe Colomb, est la plus riche des Antilles. Elle forme un continent de cent soixante lieues de long, du levant au couchant, et de quarante dans sa largeur moyenne, du nord au sud ; son circuit est de trois cent cinquante lieues environ, ou de six cents en parcourant toutes les sinuosités des anses. Elle est coupée dans sa longueur par une chaîne de montagnes ou *mornes*, et dans les vallons formés par ces hauteurs, la température est douce et bienfaisante ; mais dans les plaines et surtout sur les rivages, le climat devient plus brûlant, et est souvent meurtrier pour les Européens.

L'histoire du peuple d'Haïti n'est plus ici, comme pour toutes les nations de l'Europe, celle d'une poignée d'hommes qui, guidés par un chef, viennent prendre possession d'un pays, s'y établissent et y jettent les fondements d'un empire qui de jour en jour s'agrandit. Non, c'est un peuple libre, que des étrangers viennent réduire à l'état d'esclavage le plus affreux !

L'Espagne, l'Angleterre et la France, en se partagean
Haïti, se partagèrent les hommes comme ils s'étaient partagé
le sol, et sous le spécieux prétexte que la peau de ces hommes était noire, ils les considérèrent plutôt comme des bêtes
de somme, que comme des êtres humains.

Maîtres d'une partie de l'île, les Français y gouvernèrent
à leur guise ; ayant pour eux la force, ils ne rencontrèrent
primitivement aucun obstacle ; mais leur politique inhu-
maine n'en souleva pas moins petit à petit l'orage dans les
cœurs des esclaves. Aux premiers signes de mécontentement,
le gouvernement voulut prendre des mesures, et sa politique, loin de rétablir le calme, n'eut d'autre résultat que
d'amener une horrible famine en défendant tout commerce
étranger.

Pour comble de malheur, au mois de juin 1770, l'île entière de Saint-Domingue fut bouleversée par un tremble-
ment de terre, et la ville du Port-au-Prince détruite de fond
en comble. Le peuple et les chefs, errants sur les décom-
bres, se rassemblèrent sur la place du Gouvernement. Un
grand nombre de prisonniers échappés à la mort, des esclaves entourant leurs maîtres avec les signes et l'expression
de la douleur, offraient un spectacle déchirant ; mais ces
mêmes esclaves ne furent pas mieux traités qu'ils ne l'a-
vaient été avant le désastre, et les prisonniers furent remis
en captivité ou rendus à des supplices que la nature avait
semblé vouloir leur épargner en renversant les murs de
leurs cachots. Alors leur exaspération fut poussée à son
comble ; le nombre des esclaves marrons s'était accru, et
leur audace avec leur nombre. A la fin de 1784, une cen-
taine à peu près de ces fugitifs, auxquels d'anciens naturels
de l'île étaient venus se joindre, se retirèrent dans les mornes du Doko ; on voulut faire marcher des troupes contre
ces ennemis, mais les premières rencontres prouvèrent que
l'on n'aurait pas bon marché de leur destruction, et le gouverneur Bellecombe, après plus de six mois de négociations,
souvent interrompues par des escarmouches dont l'issue

fut presque toujours à l'avantage des noirs, fit enfin un traité avec eux, et reconnut leur indépendance.

Partout alors les cris de liberté se firent entendre, et la crise politique qui commençait à se déclarer en France, à la fin de 1788, ne tarda pas à réagir dans les colonies. En janvier 1789, au mépris des ordres du gouvernement, des assemblées *paroissiales* et *provinciales* s'organisèrent de toutes parts ; mais, d'un autre côté, une société s'était formée à Paris sous le nom de *Société des amis des noirs*, car le triste état des esclaves dans les îles avait enfin touché les cœurs généreux, on commençait à haïr les colons, et la fermentation qui régnait dans le même temps à Paris, n'était rien auprès de la fureur qui bouleversait toutes les têtes à Saint-Domingue.

A la nouvelle de la prise de la Bastille, cette fureur d'enthousiasme fut portée à son comble ; les couleurs nationales qui avaient été prises en France avec ivresse, furent arborées avec horreur sous le ciel des Antilles ; les milices furent assimilées aux gardes nationales françaises, et de toute part une jeunesse ardente courut s'y enrôler.

Après s'être enrégimentés, les colons voulurent mettre à profit l'humeur belliqueuse qui venait de les saisir. Ils inventèrent un conte absurde, une révolte de trois mille nègres secrètement encouragés par le gouvernement, et marchèrent contre ces ennemis qu'ils ne purent rencontrer ; après une course pénible, ils revinrent avec un volontaire blessé à mort par ses propres camarades !

Peu de temps après, des députés des noirs, envoyés en France pour y défendre leurs droits, déposèrent six millions sur l'autel de la patrie, et offrirent le cinquième de leurs biens pour hypothèques de la dette nationale, demandant en échange d'être assimilés en tout aux blancs qu'ils égalaient par leurs nombres et par leurs richesses. Le président leur répondit :

Qu'aucune partie de la nation ne réclamerait vainement ses

*droits auprès de l'assemblée des représentants du peuple fran-
çais.*

L'idée de telles innovations, en menaçant les intérêts des
colons, irrita leurs préjugés et rendit plus vive encore la
haine qu'ils portaient aux hommes de couleur. Les premiers
écrits qui furent émis de la colonie en faveur de l'émanci-
pation des sang-mêlés, coûtèrent la vie à leurs auteurs. Un
noir nommé Lacombe fut pendu au Cap pour avoir, dans
une pétition où il réclamait les droits de l'homme, commencé par ces mots :

Au nom du Père, du Fils et du Saint-Esprit !

De semblables violences aigrirent au dernier point les
hommes de couleur, et de cet échange mutuel de haine et
de colère naquit une soif de vengeance qui ne s'arrêta plus.

Vincent Ogé, mulâtre et fils d'un riche boucher du Cap,
ayant abordé dans cette ville le 17 octobre 1790 avec le
titre de lieutenant-colonel, gagna le Dondon, lieu de sa
naissance ; là, il s'aboucha avec un homme de sa caste,
nommé Chavanne, et tous deux, à la tête de deux cents
hommes, marchèrent sur la Grande-Rivière. Du camp qu'il
établit en cet endroit, Ogé écrivit au président de l'Assemblée du Nord pour lui demander : *Que tout citoyen libre eût
le droit d'être admis à toutes les charges et fonctions.*

Pour toute réponse, le chevalier de Mauduit, nouvellement placé à la tête du régiment du Port-au-Prince, mar-
cha contre eux et les défit. Un procès eut lieu, et deux mois
après, Vincent Ogé et Chavanne furent condamnés à être
rompus vifs. Ayant été conduits devant la principale porte
de l'église de la Grande-Rivière, là, nu-tête et en chemise,
la corde au cou, à genoux et ayant dans la main chacun une
torche de cire ardente du poids de deux livres, ils firent
amende honorable ; après avoir été conduits sur la place
d'armes, ils eurent les bras, les jambes, les cuisses et les

reins rompus vifs sur un échafaud, puis mis sur des roues,
la face tournée vers le ciel, jusqu'au moment où ils devaient
rendre le dernier soupir ; alors leurs têtes furent coupées
et exposées sur des poteaux.

La mort d'Ogé détacha pour jamais les mulâtres du parti
des créoles ; une haine éternelle s'empara de toute la caste;
les hommes de couleur déguisèrent leur courroux sous les
apparences de la résignation ; mais les colons redoublèrent
de rigueur envers eux et de méfiance contre le gouvernement. Mauduit n'osant plus répondre de rien, engagea le
gouverneur, M. de Blachelande, à abandonner la ville, et
resta seul pour faire face à l'orage ; mais ses grenadiers
eux-mêmes, excités par les colons et suivis de la populace,
se portèrent à sa demeure, lui demandant qu'il fit des ex-
cuses à genoux ; mais lui, sans leur répondre, ouvrit son
habit, et présentant sa poitrine à la multitude, il tomba à
l'instant même percé de mille coups.

Le 15 mai 1791, l'Assemblée nationale décréta enfin que
les sang-mêlés de toute couleur, nés de pères et de mères
libres, pourraient désormais siéger dans les assemblées.
Alors les mulâtres ne mirent plus de bornes à leurs espérances; mais les blancs indignés, se déclarèrent en révolte
ouverte contre la mère-patrie ; leurs cruautés pour les noirs
redoublèrent, des patrouilles nombreuses parcouraient les
villes et les habitations, affectant de craindre un soulève-
ment : il n'en fallut pas davantage pour donner aux noirs
l'idée de la révolte.

Le 22 août, à dix heures du soir, ils se répandirent, sous
la conduite du noir Boukmann, dans toute la dépendance
du Cap, précédés d'un enfant blanc porté au bout d'une
pique qui leur servait d'enseigne, et vengèrent avec rage
sur tous les blancs qu'ils purent surprendre le sang de leurs
frères. Longtemps opprimés, ils crurent avoir beaucoup à
venger, et leur vengeance fut épouvantable. Les prisonniers
de guerre qu'ils prenaient, ils les tenaillaient, les sciaient
entre deux planches, les brûlaient à petit feu ou leur arra-

chaient les yeux avec des tire-balles rougis ! Voyant leur armée se grossir de jour en jour, ils s'étaient donné le nom de *gens du roi.* Leur chef suprême, Jean François, avait pris le titre de grand amiral de France, et son lieutenant Biassou celui de généralissime des pays conquis.

Ils envoyèrent au Port-Margot un parlementaire précédé d'un drapeau blanc, sur lequel était écrit d'un côté : *Vive le roi !* et de l'autre : *Ancien régime !* Il était porteur d'une déclaration ainsi conçue :

Qu'ils avaient pris les armes pour la défense du roi, que les blancs retenaient prisonnier à Paris, parce qu'il avait voulu affranchir les noirs, ses fidèles sujets.

Qu'ils voulaient donc cet affranchissement et le rétablissement de l'ancien régime.

Sur le refus des habitants du Port-Margot de rien conclure de leur chef, les révoltés attaquèrent la ville, mais ils en furent repoussés, et cet échec leur apprit à modérer leur fougue impétueuse et à devenir plus prudents dans leurs attaques.

Cette défaite que les noirs venaient d'essuyer sema la division parmi les chefs ; ils s'accusèrent mutuellement de trahison ; l'un d'eux, Jeannot, plus féroce que tous les autres, ayant soupçonné la fidélité de l'un des siens, le fit couper par morceaux et jeter au feu. Mais Jean François l'attaqua, le prit, le fit fusiller et l'attacha par le milieu du corps aux crochets de fer où lui-même suspendait ses prisonniers.

Ce fut alors que le 4 avril 1792 l'on reçut à Saint-Domingue un nouveau décret qui ordonnait l'accomplissement de celui du 15 mai, en y apportant des modifications spéciales, par lesquelles l'Assemblée législative déclarait reconnaître les hommes de couleur libres et comme devant, ainsi que les colons, jouir de l'égalité des droits politiques ; en outre, des secours promis par ce décret arrivèrent à Saint-

Domingue. Le 19 septembre, le général Desparbès débarqua
dans la colonie avec six mille hommes de troupes et suivi
des commissaires Santhonax, Polvérel et d'Ailhaud, chargés de faire exécuter les volontés de la France. Ils étaient
munis de pouvoirs sans bornes, et leur première déclaration fut qu'ils ne reconnaîtraient à Saint-Domingue que
deux classes distinctes et séparées : *Les hommes libres, sans
distinction de couleur, et les esclaves noirs.*

Ils firent aussitôt marcher des troupes contre ces derniers
qui s'étaient révoltés. Le général Rochambeau se dirigea
sur Ouanaminthe ; mais ayant peu de temps après reçu l'ordre d'aller s'emparer de son gouvernement de la Martini-
que, il fut remplacé par le général Laveaux. Alors le camp
de la Tannerie, devenu la place d'armes de Biassou, fut
forcé, ainsi que le camp où commandait Jean François. Ces
deux chefs furent repoussés jusque dans les mornes de
Sainte-Suzanne et de Vallière, sans que l'on pût les saisir.
Là, pour les engager à se rendre, les commissaires procla-
mèrent la liberté de tous les nègres guerriers ; mais ceux-ci,
trop exaltés et croyant tenir dans leurs mains bien plus que
l'on ne leur offrait, voulurent cette fois des écrits. On ouvrit alors dans les provinces des registres sur lesquels les
habitants donnèrent par écrit la liberté à leurs esclaves. Les
nègres, satisfaits de ces actes qui reconnaissaient leur indépendance, mirent bas les armes.

Mais ces mesures, auxquelles la nécessité avait fait pour
les blancs une loi de souscrire , achevèrent de ruiner
leur attachement déjà ébranlé pour la France. Les meneurs
royalistes en profitèrent pour rappeler d'anciennes propositions faites au gouvernement anglais. Ces propositions
furent renouvelées, et acceptées aussitôt par le cabinet de
Saint-James. Le 9 septembre 1793, le capitaine Whitclocke
débarqua à Jérémie, et, le 22 du même mois, le môle Saint-
Nicolas fut livré à l'ennemi. Sur le refus des commissaires
de leur ouvrir le Port-au-Prince, les Anglais y entrèrent le

30 mai, par la barrière du fort Bizoton, qui leur fut livrée par trahison, et y massacrèrent toute la population.

Laveaux, alors gouverneur provisoire de la colonie, abandonna la ville du Cap, qui semblait ne lui offrir aucune ressource de défense, pour se rendre vis-à-vis de l'île de la Tortue. Le Port-de-la-Paix, chef-lieu de ce petit territoire, fut fortifié de toutes parts, et sous ses murs Laveaux brava les Anglais, maîtres du môle Saint-Nicolas, et les Espagnols, possesseurs de tout le nord !

TOUSSAINT LOUVERTURE.

Au milieu de ces événements, s'éleva tout à coup la fortune d'un noir à jamais célèbre, d'un homme qui, après avoir vécu cinquante ans dans l'état d'esclavage, et sachant à peine lire quand il atteignit cet âge, parvint au faîte des honneurs militaires.

Toussaint Breda était le nom de ce chef fameux, autrement connu sous le nom de *Toussaint Louverture*.

On n'est pas bien certain s'il naquit en Afrique ou dans la colonie; mais tout porte à croire cependant qu'il vit le jour en 1745, dans l'île de Saint-Domingue. Les quarante-cinq premières années de sa vie offrent peu de particularités remarquables : il avait appris à lire et à écrire, et avait quelques notions d'arithmétique. Cette éducation, tout incomplète qu'elle était, l'avait fait élever au grade de *postillon de son maître !* Après avoir pris part à l'insurrection de 1791, il rejoignit le corps d'armée commandé par Biassou, et lui fut adjoint comme lieutenant, avec le titre de *médecin des armées du roi !* Lorsque les Espagnols eurent attiré à eux les noirs révoltés, il reçut de ce gouvernement le titre de colonel ; mais le général Laveaux lui ayant offert le grade de général de brigade, il quitta les Espagnols pour passer dans l'armée française. Etant venu camper sur l'Ester, il faillit là s'emparer par ruse du commandant anglais, Thomas Brisbane ; mais celui-ci, ayant soupçonné le danger, s'était fait remplacer par un émigré français et par quelques hommes de couleur attachés au parti de l'Angleterre : ils offrirent à *Toussaint* le prix de sa défection ; mais lui, qui les attendait à cette proposition, les fit passer par les armes au nombre de vingt-sept, *pour tentatives de corruption sur un officier de la république!*

Envoyé contre les Anglais, il les battit aux sources de l'Artibonite, les chassa des Grands-Bois, et rétablit ainsi dans l'ouest l'honneur des armes de la république. Santhonax, pour le récompenser de ses services, le proclama général en chef des armées de Saint-Domingue. Une fois parvenu à ce grade, et si près de la place occupée par son protecteur, *Toussaint Louverture* travailla à le remplacer : ce fut lui qui le désigna comme le député le plus digne d'être envoyé au Corps Législatif, car il se débarrassait ainsi d'un homme, qu'il aimait peut-être, mais que son ambition le poussait à éloigner de lui.

Santhonax, que les circonstances où se trouvait la colonie avaient empêché de se rendre en France, s'aperçut un peu tard que le crédit du chef noir avait insensiblement remplacé le sien ; il voulut d'abord renverser son ouvrage, mais il n'était plus temps. Le général noir Léveillé et plusieurs officiers blancs qui avaient refusé d'approuver le renvoi de Santhonax, étaient passés en France avec lui, et ne manquèrent pas d'appeler toute l'attention de l'autorité sur l'ambition d'un homme qui venait, au mépris des pouvoirs constitués, de se placer à la tête du gouvernement de la colonie ; mais *Toussaint*, qui avait prévu de telles accusations, envoya deux de ses enfants achever leur éducation en France, avec une lettre adressée aux directeurs, et dans laquelle il disait : « *qu'on devait lui savoir gré de sa confiance* » *dans le Directoire, assez grande pour qu'il lui livrât ses en-* » *fants, à une époque où les plaintes qu'on allait porter contre* » *lui pouvaient mettre en équivoque la sincérité de ses senti-* » *ments.* »

Les directeurs se laissèrent persuader, éblouis peut-être par les espérances que Toussaint leur donnait à entrevoir ; mais la foi qu'ils avaient en cet homme le leur faisait redouter. Ils pensèrent que la mission de l'agent qu'on devait envoyer à Saint-Domingue était délicate ; le général Hédouville fut chargé par eux d'aller observer et contenir l'ambition d'un chef assez hardi pour oser peut-être un jour se déclarer indépendant, et assez puissant pour réussir.

En arrivant, le général Hédouville commit la faute de blesser l'amour-propre du commissaire Raymond, en lui marquant qu'il savait combien peu Santhonax avait eu à se louer de lui. *Toussaint* se choqua de l'accueil fait à son ami ; il différa de se rendre au Cap, où l'agent du Directoire l'attendait ; il y arriva cependant en même temps que le général Rigaud, qui fut mieux reçu que lui. Le mécontentement de *Toussaint* en redoubla. Pour rappeler ses services, il affecta de se plaindre du poids de son commandement. Un officier français lui ayant proposé de le mener en France, *Toussaint* lui répondit en lui montrant un arbre nain du jardin où il se trouvait alors : « *C'est bien mon pro-* » *jet; mais je l'exécuterai quand cet arbuste pourra faire un* » *vaisseau pour m'y porter !* »

Le Port-au-Prince venait de se rendre ; Hédouville déclara qu'il lui appartiendrait désormais de traiter de l'évacuation des autres points de la colonie, et il conclut bientôt la capitulation du môle Saint-Nicolas, qui lui fut remis par les Anglais, sous les ordres de lord Maitland.

Toussaint Louverture, instruit de cette capitulation, à laquelle il n'avait point eu part, éleva les plaintes les plus violentes ; il fit mieux, il parvint à déterminer Maitland à déchirer le premier acte de reddition, déjà rendu public, et à déclarer qu'il ne voulait contracter d'arrangements qu'avec l'autorité militaire, à qui seule il reconnaissait le pouvoir de traiter avec lui.

Toussaint Louverture alla donc au môle Saint-Nicolas, où les troupes anglaises lui rendirent les plus grands honneurs. Dans un somptueux banquet que lui donna Maitland, celui-ci, après lui avoir offert comme présent toute l'argenterie qui avait paru dans ce banquet, lui proposa, au nom du roi d'Angleterre, de méconnaître l'autorité de la France ; il alla même jusqu'à lui offrir de le faire roi d'Haïti, s'il consentait à signer un traité de commerce exclusif en faveur de la Grande-Bretagne ; mais *Toussaint Louverture* refusa toutes ces offres brillantes du gouvernement anglais.

Après cette entrevue inutile, Maitland se prépara à rendre au chef noir la visite qu'il en avait reçue. Le commissaire Roume trouva l'occasion trop favorable pour la laisser échapper : il écrivit à *Toussaint* pour lui conseiller de retenir Maitland prisonnier. *Louverture* tenait cette lettre à la main, lorsque le lord anglais fut introduit dans sa tente ; il la présenta au général ennemi, et quand celui-ci, incertain des résolutions du chef noir, en eut pris lecture, *Toussaint* lui en remit une autre : c'était sa réponse au commissaire, dont il repoussait les conseils comme une lâcheté. Maitland et les siens abandonnèrent le môle Saint-Nicolas sans avoir recueilli le fruit de la fausse démarche qu'ils avaient entreprise.

Cependant *Toussaint*, dont ces dernières circonstances venaient encore d'accroître l'autorité, proclamait de son chef des amnisties générales ; il prononçait en son nom le pardon de tous ceux qui avaient secouru les Anglais, tandis que, de son côté, Hédouville, en proscrivant ces mêmes hommes, les voyait tous s'éloigner de lui. Enfin il résolut d'appeler au Cap *Toussaint Louverture* et le général Rigaud. Ce dernier s'y rendit, mais *Toussaint* ne l'imita pas, et pour éviter les conséquences de son refus, il envoya des émissaires secrets soulever les quartiers qui lui étaient les plus dévoués, afin de contraindre le général Hédouville à s'embarquer pour la France. Par les menées de *Toussaint* et du colonel *Moyse*, son neveu, la garnison noire du fort Dauphin se souleva. *Toussaint* parut en personne au foyer de l'insurrection, harangua les troupes, et les conduisit au Cap, où le général Hédouville s'embarqua pour éviter une effusion de sang inutile. Du vaisseau qu'il montait, il publia une proclamation par laquelle il prévenait les habitants des projets de *Toussaint Louverture*, accusant ce chef d'avoir concerté avec le cabinet de Saint-James et le gouvernement fédéral un projet de révolution depuis longtemps médité.

Le résultat de tels événements amena une rupture définitive entre les nègres et les hommes de couleur. Le commissaire Roume, qui venait de prendre le titre d'agent du Directoire, appela au Port-au-Prince les deux chefs de la colonie, dans la vue de concilier leurs opinions et de les amener à une franche et sincère réconciliation ; mais Rigaud ne parut guère disposé à reconnaître *Toussaint* comme son chef ; il alla même jusqu'à accuser le général noir de conspiration ; il suspendit ses relations avec lui, et de cette première rupture à des initiatives sanglantes, il n'y avait pas loin pour ces hommes déjà depuis si longtemps rivaux et ennemis.

Les deux partis portaient également les couleurs de la France, et prétendaient combattre pour elle.

La guerre avait commencé sous les plus sanglants auspices. Rigaud avait fait impitoyablement massacrer, sans distinction d'âge, de sexe et de couleur, tout ce qui s'était trouvé au sac de Léogane, qu'on venait de distraire de son autorité. — *Toussaint*, en apprenant ce massacre, s'élance du Port-au-Prince vers le nord, force le passage du pont de l'Esther, fond sur les hommes de couleur qu'il surprend, délivre les blancs prisonniers dans les quartiers des Gonaïves et du Gros-Morne, et vient s'emparer du môle Saint-Nicolas.

Roume, voyant que tous ses efforts pour éteindre cette guerre étaient superflus, fit partir pour la France le chef de brigade Vincent, chargé d'aller rendre compte au Directoire de la division malheureuse des deux principaux chefs de la colonie ; mais la guerre n'en continua pas moins de part et d'autre avec un acharnement effroyable.

Le parti de Rigaud fut bientôt accablé par le nombre ;

toutes les places lui furent successivement enlevées, et bientôt il se vit repoussé jusqu'aux Cayes. *Toussaint* songeait à l'y poursuivre, lorsqu'il apprit le retour de Vincent, faisant partie d'une députation envoyée par la France, et composée du commissaire de couleur Raymond et du général Michel. *Toussaint*, après s'être fait assurer de la personne des deux officiers blancs, afin de savoir s'ils n'avaient pas de mission secrète, et pour connaître d'avance le contenu des dépêches dont ils étaient porteurs, apprit d'eux les changements politiques que la révolution du 18 brumaire venait d'apporter dans le gouvernement de la métropole : ils lui apprirent en même temps que les consuls le confirmaient dans son emploi de général en chef de l'armée de Saint-Domingue.

Rigaud n'eut pas plus tôt connaissance des ordres de la république, qu'il se livra à tous les emportements d'une aveugle colère ; mais les habitants des Cayes étaient fatigués d'un long siége, l'espoir de la paix acheva de ruiner leurs dispositions guerrières, et Rigaud ne tarda pas à s'apercevoir que son crédit était perdu. Contraint de céder à la force des circonstances, et ne pouvant supporter la pensée d'obéir à un noir, il prit le parti de s'embarquer pour la France avec Pétion et quelques officiers qui l'avaient secondé. Ainsi finit, en 1800, la guerre du sud, et avec elle les dernières traces d'opposition aux volontés de *Toussaint Louverture.*

La paix une fois signée, *Toussaint* chercha à rétablir l'administration sur des bases fermes et solides, afin d'éblouir les siens, en même temps qu'il voulait se faire craindre des blancs ; il s'entoura d'une garde d'honneur, qu'il habilla comme les anciens gardes du corps royaux, et la composa de tout ce qu'il put trouver d'hommes de l'ancien régime, et de grands noms prêts à le servir. Toutes ces créatures devinrent autant de prôneurs qui répétaient partout les louanges de leur seigneur et maître ! — Les cercles de *Toussaint Louverture* étaient réglés ; il y en avait de grands et de petits. Aux grands cercles, lorsqu'il se présentait dans la salle où l'on était réuni, tout le monde se levait. Il exigeait les plus grands respects, surtout des blancs. Lorsqu'il voyait un officier blanc d'une bonne tenue, il s'écriait : « *A la bonne heure, voilà comme on se présente.* » Puis il disait aux noirs : « *Vous autres nègres, tâchez de prendre ces manières, et apprenez à vous présenter comme il faut. Voilà ce que c'est que d'avoir été élevé en France ; mes fils seront comme cela!*

Les petits cercles étaient des audiences publiques qui avaient lieu tous les soirs ; il y paraissait vêtu en pantalon et en veste blanche de toile très-fine, avec un madras autour de la tête. Après avoir fait le tour de la salle et parlé à tout le monde, il faisait entrer dans une pièce voisine les personnes avec lesquelles il désirait passer la soirée ; et quand il voulait que l'on se retirât, il se levait, faisait une profonde révérence, et accompagnait sa société jusqu'à la porte ; il s'enfermait alors avec ses secrétaires, qu'il réunissait quelquefois au nombre de sept pour leur dicter ses projets et ses plans, et travaillait ordinairement fort avant dans la nuit, car *Toussaint* ne dormait jamais plus de deux heures.

Comme beaucoup d'hommes extraordinaires, *Toussaint Louverture* avait la faiblesse d'envelopper son élévation de circonstances mystérieuses et difficiles à croire. Un capucin lui avait appris à lire dans sa jeunesse, et jamais il n'en convenait, il disait : « *Dès les premiers troubles de Saint-Domingue, je sentis que j'étais destiné à de grandes choses! Quand je reçus cet avis divin, j'avais cinquante ans, je ne savais ni lire ni écrire ; j'avais quelques portugaises, je les donnai à un sous-officier du régiment du Cap, et, grâce à lui, en peu de mois, je sus signer mon nom et lire couramment.* »

Il aimait à se servir d'exemples matériels pour relever des noirs le courage trop facile à s'abattre ; souvent il se faisait apporter une coupe en verre, pleine de grains de maïs blancs et noirs, et la montrant à ses soldats : *Frères,* leur disait-il, *vous êtes les maïs noirs, et les blancs vos enne-*

mis sont les maïs blancs ! Puis, il remuait la coupe jusqu'à ce que, cachés par les grains noirs, tous les blancs eussent disparu : *Voyez,* disait-il, *ce que sont les blancs auprès de vous !*

Placé au milieu d'esclaves insurgés dès le commencement de la révolution de Saint-Domingne, circonvenu par les Espagnols et les Anglais, attaché à la France par politique, combattu par tous, et se croyant trompé de tous, la dissimulation était la base de son caractère ; on ne savait jamais ce qu'il faisait, s'il partait, s'il restait, où il allait, d'où il venait. Quelquefois on le voyait partir en voiture de voyage, mais à quelques lieues du point de départ il quittait sa voiture et, suivi de quelques officiers, il montait un cheval tout prêt ; sur la selle on posait un oreiller de plumes, et souvent, sans débrider, il parcourait trente, quarante, et même cinquante lieues, sans jamais faire moins de cinq lieues à l'heure !

Après la défaite de Rigaud, *Toussaint* s'imagina de réclamer, au nom de la République française, l'exécution du traité de Bâle, qui cédait à la France la partie espagnole de Saint-Domingue. Il fit ses préparatifs en conséquence, et le 19 frimaire de l'an ix (1800) il chargea le général Moyse d'une lettre pour le président espagnol, don Garcia, lettre par laquelle il demandait l'accomplissement du traité, et dans le but que sa demande fût accueillie, dix mille hommes accompagnèrent son neveu. Les Espagnols voulurent opposer quelque résistance, mais *Toussaint* venant d'arriver lui-même à Santo-Domingo. Don Garcia se trouva trop heureux d'accéder au désir du général noir. On dressa les quelques articles d'une capitulation, et le pavillon du roi d'Espagne fut amené après une décharge de vingt-et-un coups de canon, et remplacé par celui aux trois couleurs à la suite d'une seconde salve qui tira un coup de plus.

L'armée noire fit alors son entrée dans la capitale espagnole, et le général en chef y fut reçu en triomphateur.

De Santo-Domingo, *Toussaint* se transporta sur les divers points de sa nouvelle possession ; car c'était pour lui, bien plus que pour la France, qu'il venait de s'en emparer ; partout, les honneurs lui furent solennellement prodigués, et les montagnes s'aplanissaient devant le Bonaparte de Saint-Domingue, comme tous les obstacles politiques semblaient tomber devant lui.

Mais un agrandissement d'autorité était loin de suffire à l'ambition de Toussaint, tant que cette autorité semblait n'être que le mandat d'un ordre supérieur, révocable an caprice du chef du gouvernement consulaire. Depuis longtemps déjà, il avait préparé les intérêts et les esprits à l'acte politique qu'il méditait. Il éloigna, sous différents prétextes, les personnes qui avaient sur lui quelque empire, et dont il redoutait les conseils importuns, et réunit une assemblée centrale, composée de ses plus chauds partisans. Bientôt cette assemblée vint en corps lui présenter un projet de constitution coloniale, qui remettait à *Toussaint* tous les pouvoirs, le nommait gouverneur et président à vie, avec le droit d'élire son successeur, et de nommer à tous les emplois.

Le chef de brigade Vincent et quelques Français attachés aux intérêts de la patrie, osèrent représenter à *Toussaint* les torts de son usurpation, et les dangers qu'il pouvait attirer sur sa tête. Vincent surtout fut le premier à chercher à détourner *Louverture* de ses desseins ; mais ce fut justement lui que Toussaint envoya en France porter à Bonaparte son projet de constitution.

La paix d'Amiens venait d'être conclue entre la France et la Grande-Bretagne, quand Vincent arriva à Paris, et déjà Bonaparte, profitant de l'affranchissement des mers, préparait une expédition contre Saint-Domingue.

Toussaint, en apprenant que la paix avait été signée entre la France et l'Angleterre, n'avait pu être instruit en même temps de ce que le gouvernement consulaire préparait contre lui ; mais il prévoyait tout ce qu'il avait à craindre de ce nouvel état de choses. Il n'était plus temps de reculer, et il était dès longtemps préparé à tout ce qui pouvait survenir dans sa fortune. Il ne songea plus qu'à consolider son autorité, et surtout à lui donner de la consistance aux yeux de ses ennemis; car c'est ainsi que dès lors il regardait la France, dont il n'attendait plus rien, et dont il avait beaucoup à redouter. Longtemps il avait espéré que le génie aventureux du premier consul jetterait sur lui un regard d'affection : il croyait à l'existence d'une sympathie entre le cœur de Bonaparte et le sien. Il était, et il s'appelait le premier des noirs, comme il tenait *l'homme* de la France pour le premier des blancs. Il avait même écrit à Napoléon une lettre dont la suscription était conçue d'après l'idée de ce rapprochement de destinées; mais il n'avait reçu aucune réponse, et ce silence l'avait profondément humilié.

Ce fut dans le mois de décembre 1801, quand déjà la flotte, dirigée contre Saint-Domingue, par l'Espagne et la France, quittait les ports de Brest, de Lorient et de Rochefort, que la nouvelle de son armement parvint dans l'île qu'elle menaçait. On apprit qu'elle était forte de trente-six vaisseaux de guerre et d'un nombre presque égal de frégates. Leclerc, beau-frère du premier consul, était chef de l'expédition, sous le titre de capitaine-général, et le commandement de la flotte était remis à l'amiral Villaret-Joyeuse.

Les premiers vaisseaux français étaient à peine en vue de Saint-Domingue, que *Toussaint Louverture* accourut au cap Samana pour reconnaître l'ennemi. Il prit d'abord pour de l'hésitation les manœuvres commandées par la nécessité de s'attendre et de se rallier au lieu du rendez-vous; mais lorsque la jonction fut opérée, le général en chef, qui jamais n'avait vu de flotte aussi considérable, éprouva un premier mouvement de découragement. *Il faut périr*, dit-il à ses officiers, *la France entière vient à Saint-Domingue : on l'a trompée, elle y vient pour se venger et asservir les noirs... il faut périr !*

Cependant cet immense armement n'amenait que 12,000 combattants. L'armée coloniale était composée d'une force en hommes presque double ; elle comptait 20,650 soldats sous les armes, et elle avait pour elle l'avantage d'une longue connaissance du terrain, et d'une insensibilité éprouvée aux atteintes du climat.

Cette armée formait trois divisions, dont la première, celle du Nord, forte de 4,800 hommes, était commandée par le général de brigade Christophe.

Le général Dessalines commandait, à Saint-Marc, la seconde division forte de 11,650 hommes ; elle embrassait les deux départements de l'ouest et du sud.

La troisième, celle de l'est, était commandée par le général de couleur Clervaux et par Paul Louverture ; elle comptait 4,200 hommes.

Le siége du gouvernement était également au Cap et au Port-au-Prince. L'état-major de *Toussaint Louverture* était divisé sur ces deux points, et le général se transportait de l'un à l'autre selon la nécessité.

Une fois ralliée, la flotte de Leclerc s'était partagée en trois divisions. La première, forte de 2,000 hommes, sous les ordres du général Rochambeau, devait se porter sur le fort Dauphin. La seconde comptait 3,000 hommes, elle était commandée par le général Boudet, et avait ordre de se diriger sur le Port-au-Prince.

La troisième, forte de 4,500 hommes, et commandée par le général Hardy, était destinée à agir sur le Cap.

Des hésitations, une altercation entre l'amiral et le commandant en chef de l'expédition, donnèrent à l'armée coloniale un jour de répit. Christophe, demeuré seul au Cap, sans instructions précises, eût reçu l'ennemi s'il était arrivé ; mais *Toussaint* survint dans la nuit, contremanda tous les ordres, et lorsque le lendemain matin, l'aide de camp Lebrun, député par le général Leclerc, vint trouver Christophe pour le prier de ne pas refuser plus longtemps aux demandes des envoyés de la mère-patrie, celui-ci leur répondit qu'il avait juré de combattre, et il déclara que : *si le soi-disant capitaine-général Leclerc persistait à vouloir entrer au Cap, la terre brûlerait avant que l'escadre mouillât dans la rade !*

Une lettre du général Leclerc, adressée au général en chef, ainsi qu'une proclamation du premier consul aux habitants de Saint-Domingue, ne purent changer la résolution de *Toussaint Louverture.*

Christophe continuait toujours ses préparatifs de défense, car le sang ayant commencé à couler, il ne fallait plus compter sur aucune négociation. Le général Rochambeau était débarqué dans la baie de Mancenille, et l'entrée du fort Dauphin avait été forcée par les canons de l'escadre qui portait ce chef. Cette première attaque avait décidé la guerre. La municipalité du Cap elle-même, quand les noirs, chargés des postes envahis, se replièrent vers ses murs, ne songea plus qu'à la défense et à la conservation de la cité ; mais les ordres donnés par Christophe ne lui permirent plus même de veiller sur ses toits. Les soldats, disposés en ligne, de telle sorte que rien ne pouvait demeurer derrière eux, firent évacuer une à une toutes les maisons, et quand elles furent vides, ils recommencèrent de nouveau, une torche à la main, et portant la flamme partout où ils espéraient que le vent la propagerait avec le plus de célérité. Au milieu de la nuit, l'explosion successive des poudrières qui sautaient en l'air, vint annoncer aux habitants fugitifs que les troupes de Christophe faisaient leur retraite sans rien laisser derrière eux que des cendres et des flammes.

Les deux fils aînés de *Toussaint Louverture* avaient accompagné l'expédition, avec leur précepteur Coisnon.

Leclerc avait l'ordre précis de ne faire parvenir que par eux la lettre que le premier consul écrivait à *Toussaint ;* malheureusement, la frégate qui les portait ne put toucher terre que le 7 février, trois jours après l'incendie du Cap. On les conduisit vers le lieu où l'on supposait qu'ils trouveraient leur père, mais il n'y arriva que deux jours après; sa joie fut grande en revoyant ses fils, que ses bras tinrent longtemps serrés sur son cœur, pendant qu'il couvrait leurs têtes de baisers ! Le voyant pleurer, M. Coisnon lui demanda : *Est-ce bien Toussaint, le serviteur, l'ami de la France ?* — *Pouvez-vous en douter ?* lui répondit *Toussaint* en l'embrassant.

Alors, l'un de ses enfants lui apprit les bontés que la république avait eues pour eux, et leur entrevue avec le premier consul avant leur départ. Jusqu'à cette partie de l'entretien, la figure du général noir s'était animée de toute l'expression de son bonheur, mais alors elle n'exprima plus que l'impassibilité froide et inaltérable de l'homme d'Etat.

M. Coisnon lui ayant présenté dans une boîte d'or la lettre du premier consul, il la lut, la relut plusieurs fois, et parut en être satisfait. Il répondit à l'exhortation de se rendre près du général Leclerc pour être son premier lieutenant, et à la proposition que lui faisait Coisnon de rester en otage : *Ce n'est plus praticable ; la guerre est commencée, la rage de combattre possède tout le monde ; nos chefs militaires sont au moment de tout brûler et de tout saccager ; si cependant le général Leclerc veut suspendre ses attaques, j'en ferai autant de mon côté.*

M. Coisnon écrivit aussitôt à Leclerc; *Toussaint Louverture* se chargea de faire parvenir cette lettre, et quitta ses enfants à quatre heures du matin, après n'avoir passé que deux heures avec eux.

Leclerc renvoya de nouveau vers leur père les deux fils de *Toussaint Louverture*, avec une dernière lettre où les plus brillantes propositions étaient mêlées aux meneces les plus sévères. Toussaint, indigné, ordonna à ses fils de décider entre la France et lui. Il dit à ses enfants : *qu'il les laissait libres de choisir entre leur patrie et leur père ; qu'il ne blâmait pas leur attachement pour la France, à laquelle ils devaient leur éducation, mais qu'entre la France et lui, il y avait sa race.*

Ses fils se jetèrent dans ses bras ; leurs caresses ne purent l'émouvoir ; il leur disait sans cesse : *Mes enfants, prenez votre parti ; quel qu'il soit, je vous chérirai toujours!*

L'aîné des deux, *Isaac*, après quelques moments d'hésitation, déclara qu'il ne pourrait jamais se résoudre à porter les armes contre la France. Son autre fils, *Placide* se jeta au cou de son père, qui bénissait *Isaac*, alors même qu'il s'éloignait, et lui dit : *Je suis à vous, mon père, je crains l'avenir, je crains l'esclavage, je suis prêt à combattre pour m'y opposer ; je ne connais plus la France !*

Pendant que l'armée française s'était établie sur les ruines fumantes du Cap, l'ouest était envahi par la division du général Boudet, qui s'était présentée devant le Port-au-Prince, le 15 pluviôse au soir (3 février 1802). Après deux jours de résistance, elle avait fait son entrée dans cette ville, qu'elle sauva des flammes, que les vaincus y avaient allumées en fuyant. Quelques jours après Léogane tomba au pouvoir de ce général ; mais quand il fut maître de la place, elle était déjà incendiée. La soumission du sud coûta moins de sang ; on employa avec succès les moyens de corruption, et le général noir Laplume, commandant de cette division, se déclara bientôt pour la France.

Dans l'est, *Paul Louverture*, frère du général en chef, et qui commandait à Santo-Domingo, avait refusé le débarquement au corps envoyé contre cette place, sous la conduite du général Kerversau ; mais quelques Espagnols, mieux disposés pour les Français, leur ouvrirent pendant la nuit un fort qui leur livrait l'entrée de la ville, et *Paul Louverture* fut obligé de se rendre le 20 février.

Ces différentes défaites ne laissèrent plus à *Toussaint* que trois demi-brigades, et une partie de la population du nord. Ce fut seulement quand sa situation parut désespérée que ce chef, qui jusque-là avait semblé indécis, commença à organiser ostensiblement son système d'hostilités. Alors, le capitaine-général Leclerc publia une proclamation par laquelle il mettait *hors la loi* le général en chef.

Sept mille hommes de troupes nouvelles venaient de débarquer, et avaient renforcé les divisions du nord. Avec ces secours, on se prépara sérieusement à repousser *Toussaint Louverture* de position en position. Les Français ne tardèrent pas à devenir maîtres du môle Saint-Nicolas; le quartier de Jean-Rebel tomba aussi bientôt en leur pouvoir; et peu de jours après, le général en chef lui-même, battu par Rochambeau, ne comptait plus dans son armée qu'un seul général qui, pour quelque temps encore, tint tête à l'ennemi.

Ce brave officier était le noir Maurepas, commandant du Port-de-la-Paix, et qui avait brûlé cette place avant de la rendre. Le général Humbert, à la tête de 2,700 hommes, n'avait pu le repousser ni envelopper sa troupe, à peine égale en nombre. Enfin, la division Desfourneaux, et 1,500 hommes de la division Hardy, firent contre-marche et, descendant la gorge des Trois-Rivières, lui coupèrent toute retraite. C'est dans cette position critique qu'il apprit la nouvelle de la défaite de *Toussaint Louverture*, et qu'il se rendit au capitaine-général Leclerc, sur la promesse que son grade lui serait conservé. Mais, trompé par celui-ci, il fut transféré à bord du vaisseau amiral. Là, après l'avoir attaché au grand mât, on lui mit en dérision sur les épaules deux épaulettes attachées avec des clous, et on lui couvrit la tête d'un chapeau de général. Dans cette affreuse position, ses bourreaux, après avoir donné cours à leur féroce joie, le précipitèrent, lui, sa femme et ses enfants dans la mer.

Cet événement semblait devoir achever la ruine de *Toussaint*, par l'atteinte qu'il portait à son crédit. Saint-Marc était encore au pouvoir de Dessalines; le général Boudet se dirigea sur cette ville; mais les noirs, n'espérant plus la défendre, ne voulurent laisser à l'armée française qu'un monceau de ruines; ils mirent le feu de tous côtés, et lorsque le général Boudet arriva, il ne trouva pas une maison debout; Dessalines, qu'on disait en retraite, se dirigeait par les crêtes des Fonds-Baptiste et des Motheux, sur l'Arcagaye, et menaçait déjà le Port-au-Prince ; mais sa contre-marche fut connue assez à temps pour que le général Pamphile-Lacroix et l'amiral Latouche-Tréville lui préparassent une résistance qu'il désespéra de vaincre. Il se retira sur le Mirebulais, après avoir livré au feu ou à l'épée tout ce qu'il rencontra sur sa route. Les troupes du général Leclerc avaient été forcées de se replier dans les positions du Cap et du Fort-Dauphin, mais les mornes du Cahos vomissaient chaque jour des ennemis nouvellement armés.

Ce fut dans ces mornes, et sur les hauteurs de la Crête-à-Pierrot, le jour même de l'entrevue de *Toussaint* avec ses enfants, que ce chef cacha ses trésors, estimés à plus de deux cents millions de francs. Ils furent enfouis dans la terre par des noirs dévoués à sa personne ; mais en revenant, ces noirs furent fusillés par des soldats apostés, qui eux-mêmes subirent le même sort à quelque distance, et il en fut ainsi des derniers meurtriers, jusqu'à ce que le chef se fût bien assuré que la trace de sa cachette était entièrement perdue !

Une attaque de presque toutes les forces de l'armée française fut dirigée sur la Crête-à-Pierrot ; 1,000 soldats au plus étaient enfermés dans cette redoute, et, avant de l'abandonner (22 mars) ils renversèrent plus de 2,000 assiégeants. Mais dans le même temps, Christophe, repoussé dans le nord, se rendait au capitaine général, et quelques jours après, Dessalines imitait son exemple.

La soumission de *Toussaint Louverture* se fit plus longtemps attendre ; elle eut lieu cependant le 1er mai 1802, à la suite d'une entrevue du chef noir avec le général Leclerc dans la ville du Cap. Toussaint et Dessalines eurent la liberté de se retirer chacun sur une de ses habitations; mais bientôt la fièvre jaune se déclara au Cap, et vint achever la destruction de l'armée des vainqueurs. Alors l'ambition de Toussaint se réveilla : il voulut s'associer à ce terrible auxiliaire ; mais ses généraux, fatigués de cette longue lutte, se refusèrent à le servir, et sollicitèrent auprès du général français pour que la déportation de leur ancien chef eût lieu. Alors, par les ordres de Leclerc, retenu à la Tortue par l'attaque de la maladie générale, le général Brunet fit demander à Toussaint une entrevue. Ils devaient se rendre l'un et l'autre au lieu convenu, avec un nombre égal de satellites. Quand les deux généraux se furent enfermés pour travailler, on arrêta les noirs, qui venaient de quitter leurs armes, et dans le même moment le chef d'escadron Ferrari, aide de camp de Leclerc, se présenta devant *Toussaint Louverture* pour lui demander son épée. La résistance était inutile : Toussaint ne montra pas même de colère. On le conduisit aux Gonaïves, et le jour même on l'embarqua sur le vaisseau de guerre *le Héros. Toussaint*, en arrivant à bord, prononça ces paroles : *En me renversant, on n'a abattu à Saint-Domingue que le tronc de l'arbre de la liberté des noirs ; il repoussera par les racines , parce qu'elles sont profondes et nombreuses.*

La famille de *Toussaint* fut embarquée avec lui , mail il n'obtint qu'à son arrivée à Brest de voir et d'embrasser ces êtres chéris. Après cette courte entrevue, qui eut lieu sur le tillac du *Héros*, on conduisit *Toussaint-Louverture*, dans une voiture réservée aux criminels , et sous bonne escorte, au château de Joux (Franche-Comté). Après deux mois de captivité à Brest, sa femme et ses enfants furent menés à Bayonne, et l'on a toujours ignoré ce qu'ils étaient devenus. A l'approche de l'hiver, *Toussaint* fut transféré du château de Joux dans la prison de Besançon, et mis dans un cachot. La rigueur du froid avança les jours de cet homme, dont la vie s'était écoulée sous un ciel brûlant, et que d'ailleurs un profond chagrin dévorait. Il mourut au mois d'avril 1803. Plus d'une fois les émissaires du premier consul vinrent auprès de lui pour l'engager à découvrir la cachette de ses trésors : « *J'ai perdu bien autre chose que des trésors !* » répondait-il ; et c'était tout ce qu'on pouvait lui arracher.

Ainsi périt misérablement le premier des noirs, dont la

vie et la fin offrent tant de points de rapprochement avec Napoléon Bonaparte.

Débarrassé des craintes que *Toussaint*, même désarmé et soumis, lui inspirait encore, Leclerc voulut s'occuper de l'organisation d'un système colonial, et il établit à cet effet un conseil dont les membres étaient choisis parmi les plus riches propriétaires de toute couleur. On voulut tenter un désarmement général des troupes noires, et cette opération n'avait pu se faire sans résistance. Dans l'ouest, et surtout dans le sud, il y eut plusieurs mouvements insurrectionnels, et les excès les plus atroces signalèrent les succès du parti insurgé ; mais ces cruautés furent vengées par des représailles plus terribles encore. Tout ce qui parut suspect aux Français, vainqueurs à leur tour, fut frappé comme coupable, et trois cents noirs furent massacrés par Dessalines, qui vengeait alors les blancs dans le sang noir, comme peu de temps auparavant il vengeait ceux de sa couleur dans le sang européen. Mais le décret du 30 floréal, qui déclarait l'esclavage maintenu dans les colonies réservées à la France par le traité d'Amiens, vint alarmer les chefs noirs. Le premier qui déserta fut Pétion, homme de cœur et de tête, et le mulâtre Clervaux, qui bientôt le suivit. Dans la nuit du 17 septembre 1802, Christophe alla se joindre à la troupe de Clervaux, qui s'était retiré sur la Grande-Rivière. Son exemple fut suivi peu de jours après par Dessalines, et une dernière défection, celle de Toussaint Brave, abandonna les Français aux seules forces blanches que la contagion eût épargnées, 2,200 hommes à peu près, seuls débris d'une armée de plus de 34,000 hommes. 24,000 avaient succombé, et 8,000 attendaient la mort dans les hôpitaux. Le général Leclerc lui-même, dont la santé était déjà languissante lors de l'arrestation de *Toussaint*, mourut dans la nuit du 1ᵉʳ au 2 novembre 1802. Madame Leclerc, qui avait accompagné son époux pour partager les triomphes qu'ils avaient espérés au commencement de la guerre, remonta avec sa dépouille mortelle sur le vaisseau qui devait la reporter en France.

A la mort de Leclerc, le commandement en chef fut dévolu au général Rochambeau, qui était alors au Port-au-Prince ; il se hâta de se rendre au Cap, mais son arrivée apporta peu de changement dans la situation des affaires. L'armée française était de jour en jour plus affaiblie et plus découragée, tandis que celle des noirs acquérait de nouvelles forces, et voyait s'en augmenter son ardeur et sa confiance. Dessalines, qu'ils avaient unanimement nommé leur géneral en chef, attaqua l'armée française, et, après une bataille sanglante, obligea Rochambeau à se retirer derrière les murs du Cap. La guerre s'étant rallumée entre la France et la Grande-Bretagne, au mois de juillet 1803, une escadre anglaise parut sur les côtes de Saint-Domingue, et sans agir offensivement, elle se contenta, de concert avec Dessalines, de bloquer le Cap-Français ; une de ses frégates stationna à l'est de ce port, pour arrêter les bâtiments qui essayaient de faire entrer des provisions provenant de la partie espagnole de l'île.

Le courage des noirs s'accroissait avec les difficultés qui entouraient leurs ennemis. Cependant, le général français se maintenait dans son poste avec une héroïque intrépidité ; mais la famine et les misères éprouvées par les assiégés devinrent telles, qu'au mois de novembre, pour sauver des cruautés des noirs les hommes qu'il commandait encore, Rochambeau offrit de capituler. Les articles de cette capitulation furent signés le 19 novembre. Il y était stipulé que les Français devraient évacuer le Cap et les forts qui en dépendent dans le délai de dix jours ; qu'ils se retireraient dans leurs vaisseaux avec les honneurs de la guerre et la garantie de leurs propriétés particulières ; laisseraient leurs malades ou blessés dans les hôpitaux ; que les noirs en prendraient soin jusqu'à leur guérison, et qu'ils seraient alors embarqués pour la France dans des vaisseaux neutres.

Ces conditions étaient plus favorables que l'armée française ne pouvait l'attendre. Le jour même de cette convention, le général français envoya deux officiers pour traiter de l'évacuation du Cap avec le commandant de l'escadre anglaise, et le 30 novembre l'étendard des noirs fut planté sur les murs du Cap et des différents forts.

Alors pour se mettre à l'abri de nouvelles invasions, le 1er janvier 1804, dans une assemblée générale de représentants de la nation, l'indépendance d'Haïti fut solennellement proclamée, et Jean-Jacques Dessalines fut nommé gouverneur général à vie, avec le pouvoir de porter des lois, de faire la paix et la guerre, et de nommer son successeur.

Lors de l'évacuation du Cap par les troupes françaises, les habitants français avaient reçu la permission de partir avec leurs compatriotes armés; mais le danger des tentatives qu'ils auraient pu faire pour enlever leur argent en vue de l'escadre anglaise qui bloquait le port, les avait déterminés presque tous à demeurer et à se confier à la foi de Dessalines, qui leur promit d'abord protection et sécurité ; mais peu de semaines s'écoulèrent avant qu'il eût médité leur destruction.

Dessalines se détermina à accomplir par une expédition militaire le massacre de tous les Français au Cap, où la scène de ce drame sanglant eut lieu dans la nuit du 20 avril 1804 ; une forte garde fut envoyée le soir, crainte de quelque méprise, devant les maisons de tous les Américains qui demeuraient dans la ville. Alors le massacre fut général : ni l'âge, ni le sexe n'obtinrent grâce, et la sécurité personnelle dont jouissaient les Américains ne les empêcha point d'être témoins des horreurs de cette nuit. A de courts intervalles ils entendaient la hache frapper et renverser la porte de quelque infortuné voué à la mort... des cris perçants venaient leur frapper l'oreille, puis à ces cris succédait un silence de mort, bientôt interrompu par les pas des sbires se dirigeant vers quelque autre demeure pour y renouveler cette œuvre de carnage!

Dans la crainte que quelques victimes ne fussent parvenues à échapper au sort qui les attendait, la cruauté de Dessalines alla jusqu'à publier une proclamation qui déclarait *que la vengeance due aux crimes des Français avait été suffisamment exercée*, et engageait tous ceux qui avaient été sauvés à paraître sur la place publique pour y recevoir des *certificats de protection*. Les malheureux qui, en petit nombre, avaient échappé la veille au danger, sortirent de leur retraite ; mais au lieu de recevoir les garanties de protection qu'on leur avait promises, ils furent aussitôt conduits au lieu de l'exécution et fusillés.

Les mesures vindicatives de Dessalines étaient loin d'être approuvées de tout le monde ; la désapprobation de Christophe même ne lui était point inconnue, mais si peu de chose n'était point fait pour l'arrêter dans ses projets ambitieux, et le 8 octobre 1804 il se fit nommer empereur, sous le nom de Jean-Jacques Ier, après avoir établi la nouvelle constitution qui désormais devait régir le pays.

FIN.

Typographie Dondey-Dupré, rue Saint-Louis, 46, au Marais.

9 782329 102276